JULES HÉDOU

JEAN SORIEUL

1823-1871

ROUEN

LIBRAIRIE ANCIENNE ET MODERNE DE E. AUGÉ

36, RUE DE LA GROSSE-HORLOGE

1882

JEAN SORIEUL

JEAN SORIEUL
1823—1871.

JULES HÉDOU

JEAN SORIEUL

1823-1871

ROUEN

LIBRAIRIE ANCIENNE ET MODERNE DE E. AUGÉ

36, RUE DE LA GROSSE-HORLOGE

1882

JEAN SORIEUL

Le séjour d'Hippolyte Bellangé à Rouen, de 1837 à 1853, n'eut pas sur les jeunes gens de la ville qui pouvaient se destiner à la peinture l'influence que l'on supposerait, étant donnés, d'une part, le talent incontestable de l'artiste, et, d'autre part, le genre qu'il avait adopté, lequel était certes bien séduisant pour de jeunes têtes. En effet, au sortir des guerres de l'Empire, au début de la conquête de l'Algérie, la représentation de ces vieux grognards et de ces jeunes conscrits avait de quoi attirer les talents naissants. Eh bien ! cette tendance ne se manifesta point, et, à notre connaissance, H. Bellangé ne fit que deux élèves, son fils Eugène, qui, Dieu merci ! est bien portant, et Sorieul, dont nous nous occuperons spécialement

dans cette étude biographique. Évidemment, l'atelier du peintre de batailles fut fréquenté par d'autres personnes, mais elles ne tirèrent, croyons-nous, aucun profit des leçons qu'elles recevaient. Nous devons en excepter toutefois Vasselin, qui aida souvent le maître dans ses tableaux en préparant les ciels et les paysages. Il y eut bien aussi un nommé Campion qui cherchait à copiailler (pardonnez l'expression ; si elle n'est pas française, elle rend bien ce que nous voulons dire) ce qu'il voyait faire dans l'atelier du passage Walter, mais qui ne réussit jamais qu'à produire des œuvres sans originalité et sans valeur. Revenons donc à celui qui doit faire le sujet de ce travail. Bien qu'il ait été notre ami, nous n'en dirons pas moins ce que nous pensons de son talent ; nous nous contenterons d'être plus réservé en ce qui touche sa vie privée, dont nous ne franchirons pas le mur, par égard pour la date récente de sa mort, par égard surtout pour sa vieille mère qui existe encore.

Jean-Jacques Sorieul est né à Rouen, le 18 décembre 1823, dans la maison portant le n° 18 sur le quai de Paris (1). Son père,

(1) Voici la teneur de l'acte de naissance :

Du jeudi dix-huit décembre mil huit cent vingt-trois, devant moi soussigné adjoint Chevalier de l'Ordre Royal et militaire de Saint-Louis faisant les fonctions d'officier public de l'Etat civil par délégation de M. le Maire, est comparu Jean Messidor Sorieul, couvreur en ardoises, domicilié quai de Paris, n° 18, époux de Françoise-Adélaïde Leclerc, lequel m'a déclaré que ce jour, à cinq heures du matin, est né en son domicile précité et de son mariage contracté en cette ville, le dix-sept de ce mois, un enfant du sexe masculin qu'il m'a présenté et auquel il a donné les prénoms de Jean-Jacques, présence de Pierre Goujon, âgé de quarante-deux ans, fabricant, domicilié rue Eau-de-Robec, n° 70, et René Sorieul, âgé de vingt-quatre ans, couvreur en ardoises, domicilié rue du Perroquet, n° 12, grand-oncle et cousin de l'enfant, lesquels témoins et le père ont signé après lecture faite.

De Venderetz, adjoint,
Sorieul, Pierre Goujon, René Sorieul.

qui était couvreur en ardoises et qui devint, ensuite, seulement négociant en ardoises, n'était pas dans une situation de fortune très aisée. Cependant, à force de travail, il arriva à faire prospérer dans une certaine mesure sa maison de commerce et put donner ainsi à son fils une modeste éducation.

Le voisinage de la caserne Martainville dut réagir sur l'esprit et les tendances de l'enfant ; car, dès que le gamin entendait le clairon et le tambour, il ne tenait plus en place et on n'obtenait la paix qu'en appelant la bonne qui recevait mission de suivre le régiment qui passait. Nous n'oserions affirmer que, des deux, c'était chez le bébé que l'amour du fantassin se trouvait le plus développé. Ravel soutiendrait certainement le contraire et son rire ne tarderait pas à nous convaincre.

Mais l'âge venait et le père de famille devait songer à pourvoir son fils de l'éducation nécessaire. Il le mit donc externe au Collège Royal de Rouen. Là, il n'y avait plus moyen de suivre les troupiers en compagnie de la bonne paternelle ; le jeune élève se rattrapa, et, d'une autre façon, donna un libre cours à son penchant. Il se mit alors à retracer de mémoire ce qu'il ne pouvait plus voir de ses yeux, et les pages des cahiers du jeune écolier ne tardèrent pas à se couvrir de croquis plus ou moins informes, qui manifestaient clairement la vocation du futur peintre. Le père ressentit une joie secrète des dispositions de son enfant, au point de les encourager d'une assez singulière façon : l'un faisait les devoirs tandis que l'autre dessinait. On comprend que ce n'était peut-être pas là un moyen infaillible pour faire faire au jeune Sorieul des progrès remarquables ; aussi dut-il bientôt rentrer à la maison paternelle où il prit place au comptoir. La tenue des livres de commerce ne lui sourit pas plus que les travaux du collège ; là encore il enfourcha son dada, et inaugura une nouvelle façon de faire les factures. Au recto on trouvait le compte du

client, au verso s'étalaient les élucubrations artistiques du fils de
la maison.

Cela ne pouvait durer ainsi, mais l'embarras du père était
grand ; il aurait bien voulu seconder des aptitudes qui se dévoi-
laient d'une manière aussi persistante, mais il sentait que, pour
aider son fils à devenir un artiste, il fallait faire des sacrifices que
sa position de fortune ne lui permettait pas. Cependant, cette
considération dut céder devant les prières de l'enfant, qui fut envoyé à l'école de dessin de la ville, alors dirigée par H. Langlois,
auquel M. G. Morin succéda bientôt.

Sous ces deux maîtres, les dispositions précoces du jeune Sorieul s'accentuent ; il obtient des succès et est plusieurs fois mé-
daillé. Toutefois ses professeurs durent reconnaître que, s'il avait
beaucoup de facilité pour faire de chic, selon l'expression usitée
dans les ateliers, il ne réussissait guère lorsqu'il travaillait d'après
le modèle.

Enfin bientôt vint le jour après lequel Jean aspirait tant ; sa
mère lui dit un beau matin de choisir dans ses études ce qu'il avait
de mieux, de mettre le tout dans un carton, de prendre ce carton sous son bras et de l'accompagner chez M. H. Bellangé. En
sonnant à la porte du peintre, le cœur, croyez-le bien, ne battait
pas moins à la mère qu'à l'enfant. On est reçu, on exhibe les croquis et les études. H. Bellangé en est tellement enchanté qu'il dit
à Mme Sorieul qu'elle ne connaît pas son bonheur et que son fils
fera un peintre distingué. Il lui offre aussitôt de le prendre chez
lui, ce qui est accepté avec reconnaissance. Pendant deux années,
le maître donna à son jeune élève ses soins et lui prodigua son
affection. M. Renouard, peintre rouennais bien connu, nous a ra-
conté que son maître Léon Cogniet étant venu un jour le voir à
Rouen, il le conduisit visiter H. Bellangé. Après les présentations
d'usage, la conversation tomba sur les jeunes gens qui dénotaient

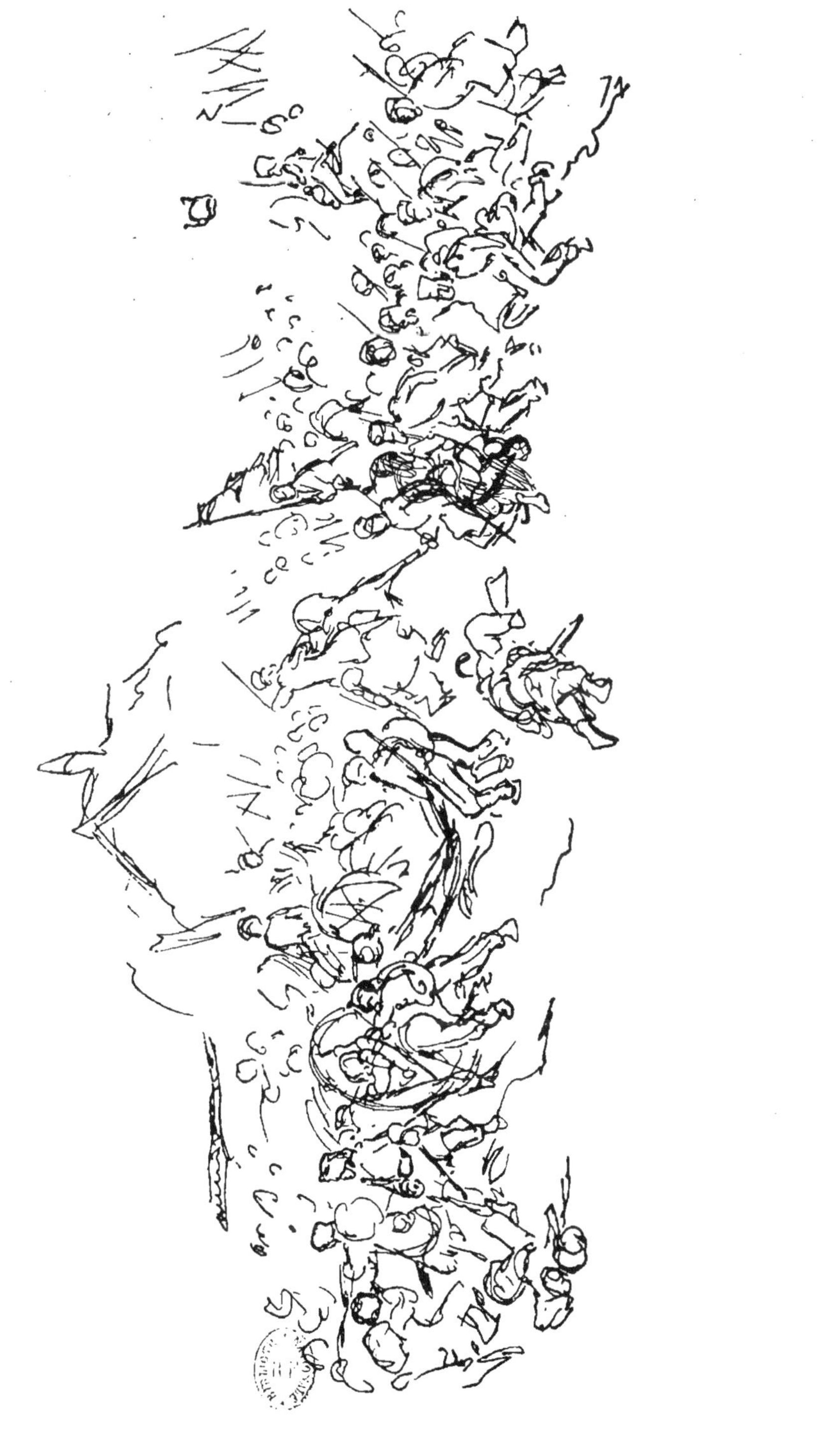

de précoces dispositions. Bellangé produisit alors deux gros cahiers de croquis dessinés par le jeune Sorieul. Cogniet en fut
émerveillé et dit que lui aussi avait un élève qui promettait beaucoup (c'était Philippoteaux), mais que ce qu'il faisait ne pouvait
rivaliser avec les compositions qu'il avait sous les yeux. Souvent,
après la journée, Jean Sorieul était retenu par son patron, qui lui

faisait prendre place à la table de la famille. Souvent aussi la
soirée se passait à travailler d'après le modèle, dans un atelier
qu'il avait loué avec quelques-uns de ses camarades dans la rue
des Charrettes et qui fut aussi parfois l'endroit où s'organisaient
des parties de plaisir dans lesquelles Sorieul ne jouait pas le rôle
le plus effacé.

Ces escapades ne se terminaient pas toujours bien, car nous reproduisons toute une série de croquis à la plume par lesquels Sorieul raconte ses tribulations d'une nuit de bal masqué. Ces croquis nous ont été obligeamment communiqués par un de ses amis que nous soupçonnons fort d'avoir été son complice et d'avoir partagé sa bonne comme sa mauvaise fortune.

Cette prédisposition à la vie joyeuse se manifesta en effet de bonne heure chez l'élève et nous devons ajouter que, plus tard, l'artiste ne sut jamais se dégager de ces premières tendances de sa jeunesse.

En 1843, sur le conseil de son maître, Jean Sorieul quitta Rouen et entra à Paris dans l'atelier très fréquenté de Cogniet, où il resta jusqu'à ce qu'il se sentit assez fort pour marcher seul. Au milieu de ses nouveaux camarades, il se distingua encore par sa facilité à composer et par son habileté à jeter sur le papier ou la toile les sujets qui hantaient son cerveau. Ainsi, un jour, en l'absence du patron, Sorieul avait charbonné sur un mur de l'atelier une grande composition représentant une charge d'artilleurs allant se mettre en batterie. Cogniet arrive à l'improviste au moment où l'esquisse finie allait être effacée justement par crainte de la venue du chef. Silence général, Sorieul se cache ; Cogniet demande qui a fait cela. Au bout de quelques moments d'hésitation, le coupable se présente, et, au lieu de recevoir la semonce redoutée, il se trouve félicité par son patron, qui défend que l'on efface quoi que ce soit.

Entre temps, le jeune homme venait à Rouen, où il était accueilli à bras ouverts par ses parents et ses camarades, comme par ses anciens professeurs bien renseignés sur ses progrès. Mais la période d'apprentissage s'avançait et il fallait bientôt songer à faire œuvre de peintre et à affronter le feu des expositions.

Avant d'engager la lutte, Sorieul voulut être en mesure de la

soutenir et avoir un bagage suffisant pour vivre sur son propre
fonds. Destiné par vocation à être peintre de batailles, il crut nécessaire, et avec raison, de vivre un peu de la vie du soldat et de
surprendre ce dernier dans l'intimité de son existence de chaque
jour. Il ne suffisait pas de savoir peindre et dessiner un troupier,
il fallait encore scruter sur le vif ses habitudes en temps de paix
comme en temps de guerre. Il fallait le voir en action comme au
repos, se rendre compte de la différence qui peut exister entre les
allures d'un corps d'armée et celles d'un bataillon ou d'une compagnie, voir ce que c'est qu'une bataille, ce que c'est qu'un en-
gagement ou une escarmouche. Pour arriver à ce résultat indis-
pensable, Sorieul prit le bon parti ; il alla faire un séjour au Camp
de Bretagne, où il resta quelque temps. Il en revint avec une pro-
vision d'études et de croquis au moyen desquels il put se mettre
à l'œuvre.

Vers la fin du règne de Louis-Philippe, la colonie de peintres
militaires qui travaillait à Paris n'avait guère à se mettre sous la
dent que des épisodes de la guerre que la France soutenait en
Algérie contre Abd-el-Kader. C'était donc sur la terre d'Afrique
qu'un jeune débutant, désireux d'attirer sur lui l'attention du public, devait aller chercher le sujet de son premier tableau. En effet,
en 1847, Sorieul, exposa à Paris une toile représentant le *Combat
de Djemmâ-Ghâzaouat,* du 21 septembre 1845, et dont voici la
légende :

« La colonne marchait sans défiance, un peloton de hussards
« à l'avant-garde, le reste des troupes au centre, lorsque, tout à
« coup, prête à déboucher du dernier contre-fort et du ravin qui
« mène dans la plaine (à 3 ou 4 lieues au plus de Djemmâ-Ghâ-
« zaouat), l'avant-garde est enveloppée par une nuée de Kabyles.
« Le colonel de Montagnac, qui marchait en tête, est tué un des
« premiers.

« Ne pouvant supposer l'ennemi en forces très supérieures, le
« commandant Froment-Costé, des chasseurs d'Orléans, ordonne
« aux soixante hussards de charger et de l'attendre un moment,
« pour qu'il pût rejoindre l'avant-garde avec le gros de la colonne.
« Les hussards partent au galop, mais ils reviennent bientôt ré-
« duits de moitié, trente des leurs étaient restés sur le champ de
« bataille. Les trente qui restaient se rallient et poussent une
« nouvelle charge. »

Telle est la donnée de ce tableau que nous ne connaissons
pas.

La critique parisienne ne fit pas au nouveau venu l'honneur de

s'occuper de lui ; mais le peintre ayant cette même année envoyé
à l'exposition de Rouen le *Combat de Djemmâ-Ghâzaouat* et une
Arrivée de Cavaliers Louis XIII dans une ville, la *Revue de Rouen*
salua les débuts de l'auteur par l'article suivant :

« Un de nos jeunes compatriotes, M. Sorieul, élève de M. Bel-

« langé, mérite, à quelques égards, d'être cité après son maître,
« dans les œuvres duquel il cherche évidemment ses inspirations.
« M. Sorieul possède une très grande facilité d'exécution, trop
« grande peut-être, car on sent qu'il lui devient difficile de re
« prendre et de retoucher de sang-froid ce qu'il a composé avec
« une fougue mal contenue. De là un dessin lâché, un coloris

« parfois assez transparent, mais sans solidité. Ensuite, comme
« tous les artistes dont la main devance la réflexion, M. Sorieul
« est parfois heureux jusqu'à la réussite, malheureux jusqu'à
« l'échec. Les deux petites toiles qu'il expose sont une preuve
« de ces fortunes alternatives et diverses : sa *Marche de Cavaliers*
« (costumes de Louis XIII) est d'un dessin par trop insuffisant

« et d'une couleur terne et grise que ne réchauffe aucun éclair
« de soleil, tandis que son *Combat de Djemmâ-Ghâzaouat* présente
« une action vive et bien indiquée, un mouvement qui sent bien
« sa mêlée, un tumulte qui n'aboutit point à la confusion. La
« couleur en est franche et assez brillante, et, malgré des terrains,
« des rochers d'un ton factice et sans solidité, cette petite com-
« position pleine de verve peut prétendre à un succès flatteur
« d'estime et d'encouragement. »

Pour qui est au courant des habitudes de la critique envers les débutants, il est évident que la longueur de l'article que nous venons de rapporter montre que l'artiste avait déjà une certaine valeur et qu'en tout cas il méritait que l'on s'intéressât à lui. Nous n'avons pas vu les deux tableaux de Sorieul, exposés à Rouen en 1847, mais il nous en est passé sous les yeux d'autres portant à peu près la même date et nous devons reconnaître que la critique de la *Revue de Rouen* est très juste. En effet, à ce moment, la peinture de l'artiste était creuse et sans consistance ; par places, les tons étaient sales et d'une couleur peu agréable ; mais on retrouvait toujours les dons qui s'étaient manifestés chez lui dès son jeune âge, c'est-à-dire une grande facilité de composition et un agencement très heureux des personnages qu'il introduisait dans son tableau.

L'année suivante, Sorieul mit à profit les études qu'il avait faites au Camp de Bretagne, et plus récemment au Camp de Compiègne, dont il envoya quelques croquis à *l'Illustration*. Pour la première fois aussi, il introduisit en scène les Bretons et les soldats de la première République, pour lesquels il eut depuis une prédilection marquée.

Il exposa donc en 1848 *le Passage de la Loire par l'armée Vendéenne à Saint-Florent* et des aquarelles représentant des sujets recueillis au Camp de Compiègne. Le tableau dut probablement

Salon de 1849. — Épisode de la guerre d'Espagne

trouver acquéreur, car il ne figura pas à la treizième exposition de Rouen, en 1849, et l'artiste l'aurait certainement envoyé s'il avait pu encore en disposer.

Sorieul est, à ce moment, plein d'activité ; il travaille sans relâche et il n'envoie pas au salon de 1849 moins de trois tableaux : des *Miquelets en embuscade,* un *Épisode de la guerre d'Espagne* et un *Épisode de la guerre de Pologne en 1832.*

A la treizième exposition municipale qui eut lieu la même année à Rouen, on retrouva les mêmes tableaux de l'artiste, sauf le dernier, qui fut remplacé par une *Scène de Waverley,* le roman de Walter Scott, la reddition du colonel Talbot à Waverley.

Malgré cette active production, Sorieul n'en était pas encore arrivé à faire que les critiques s'occupassent de lui, car nous n'avons trouvé aucun article visant les tableaux de notre artiste. Toutefois, ce silence général ne ralentit pas l'ardeur de ce dernier, qui affronte le salon de 1850 avec trois toiles : *l'Orpheline* (épisode de Waterloo), *Cavalier du temps de Louis XIII* et le *Combat de Quiberon en 1795.* Ce dernier tableau porte au livret la légende suivante tirée de « Victoires et Conquêtes » :

« Tandis que les Chouans avec les émigrés faisaient retentir
« ainsi les rivages de la mer des expressions déchirantes du dé-
« sespoir, Sombreuil, à la tête de sept à huit cents gentilshommes
« français, tous dévoués comme lui à la mort, soutenait, dans les
« retranchements de Portalegin, les efforts des républicains,
« étonnés de tant d'intrépidité. Vous ne pourriez point, s'écriaient
« ces hommes généreux à leurs compagnons, errer sans défense
« sur le rivage de Quiberon ; vous ne périrez point, nous com-
« battrons jusqu'à ce que vous soyez parvenus sur les vaisseaux
« anglais. »

Cette fois, l'artiste fut récompensé de ses labeurs par une médaille de 3ᵉ classe que lui accorda le jury. Ce premier succès dut

avoir pour conséquence une vente assez active des productions de
l'artiste, car il ne trouva à envoyer au salon de Rouen de 1851 qu'une
carte de visite pour ainsi dire, un petit tableau de genre intitulé :
Abbé et Garde-française, qui fut, pensons-nous, acheté par la Société des Amis des arts de cette ville. Si en effet les œuvres mé-
daillées au salon de Paris de 1850 n'avaient pas trouvé amateurs,
il est bien certain que l'artiste les eût fait connaître à ses compatriotes.

Éperonnée par le succès, la verve de Sorieul ne se ralentit pas ;
il se sentait d'ailleurs dans la période ascendante de son talent. Il
avait la composition heureuse et il savait y joindre la petite note
sentimentale qui ne déplaît pas au public. Son effet était toujours
bien centralisé et l'épisode qu'il avait choisi pour sujet était bien
intelligible et clairement indiqué. La critique commença à se
préoccuper de ce nouveau venu et commenta la *Bataille du Mans*
(12-13 décembre 1793), que le peintre exposa au salon de Paris
de 1852. Dans *le Moniteur Universel*, M. Alphonse Grun fit une
mention spéciale de ce tableau, et comme cet article donne et la
description et la critique de la toile, nous ne saurions mieux faire
que le reproduire.

« Nos tristes guerres civiles de 1793 ont fourni à M. Sorieul
« un sujet intéressant qu'il a bien conçu et bien rendu. Les
« troupes républicaines viennent de s'emparer du Mans, après un
« combat acharné contre les Vendéens : on échange les derniers
« coups de feu ; mais Marceau et ses soldats, aussi généreux que
« braves, se souviennent que c'est contre des citoyens qu'ils se
« battaient il y a quelques instants ; la fumée de la poudre n'est
« pas encore dissipée, et déjà ils ne songent plus qu'à protéger
« les vaincus contre la fureur des partis politiques ; ici, c'est Mar-
« ceau rassurant Mlle des Melliers qui se précipite à ses pieds ; là,
« c'est le lieutenant-colonel Vidal qui sauve M. d'Autichamp en

« lui donnant son uniforme; ailleurs, un soldat repousse une
« femme furieuse qui se précipite, un poignard à la main, sur des
« Vendéens blessés et sans défense. Cela console de voir la
« magnanimité militaire jeter sa noble intervention dans les dis-
« cordes civiles. M. Sorieul a été bien inspiré en rappelant ce

« beau souvenir. Peut-être, dans son honorable préoccupation,
« a-t-il trop cherché à donner une signification sentimentale à
« chacun de ses groupes; il a mis de l'intérêt partout au lieu de le
« fixer principalement sur un point. Du reste, par une disposition
« savante, qu'il faudrait beaucoup louer, si elle n'était un peu
« régulière dans une scène de désordre, il a, tout en garnissant

« le premier plan de figures nombreuses, fait converger le regard
« et porte la plus vive lumière sur le groupe principal, celui du
« jeune général et de la jeune fille qui l'implore à genoux. Les
« figures et les attitudes sont étudiées avec soin, ainsi que les
« accessoires. La touche laisse à désirer de la fermeté, l'air de la
« transparence; l'aspect général pèche par un excès de tons gris;
« on ne trouve nulle part de forts contrastes d'ombres et de lu-
« mières, et les maisons de la place sont peintes un peu lourde-
« ment. Tel qu'il est toutefois, le tableau de M. Sorieul atteste un
« travail consciencieux, un talent qui promet et une habileté déjà
« acquise. »

M. Eugène Loudun reproche au même tableau « une couleur
« un peu violette », mais il trouve « qu'il témoigne d'études sé-
« rieuses de la composition et d'un sentiment susceptible d'émou-
« voir, quand l'artiste choisira un sujet dramatique et moins con-
« fus dans ses détails. »

Le critique Claude Vignon est moins sévère et pense que le
tableau est un des meilleurs du salon. « Il y a, dit-il, du dessin,
« de l'effet, du mouvement et de l'énergie ; la lumière est bien
« distribuée; le tableau est blond, et, dans la composition, toutes
« les masses sont bien comprises et bien détachées. »

Cette note de la critique de 1852 doit être juste, et c'est pour
ce motif que nous l'avons rappelée. Il n'y a de parti-pris ni pour
ni contre l'artiste; on lui rend la justice qui lui est due, et, en
somme, la bienveillance y domine avec raison. Sorieul ne put être
que très flatté de l'accueil qui lui était fait et il tenta de nouveaux efforts pour se maintenir dans l'estime de la presse et du
public.

En effet, au salon de 1853, le peintre envoya une des pages
les plus importantes de son œuvre : le *Passage du défilé de Ponary*.
Cet épisode de la campagne de Russie, en 1813, est ainsi expliqué

dans le livret : « Par les ordres du maréchal Ney, le colonel,
« comte de Turenne, officier d'ordonnance de l'empereur, fait
« distribuer le trésor particulier de Napoléon. Ce dépôt, confié
« à l'honneur militaire, fut fidèlement rapporté à la caisse de l'ar-
« mée, lors du retour en France. »

Comme le sujet l'indique assez, la scène se passe au milieu
d'une campagne déserte, couverte de neige, entrecoupée de quelques sapins noirâtres. Sur le premier plan à gauche, des soldats
débandés et vus de face font le coup de feu. Près d'eux, le maréchal Ney les commande en gardant son sang-froid, bien qu'un
obus, éclatant à ses côtés, fasse cabrer son cheval. A droite, brûle
un feu de bivouac près duquel se chauffent des blessés mourants.
L'un de ces derniers, sentant sa dernière heure, remet sa croix à
un grenadier. Au second plan du même côté, le colonel comte
de Turenne fait vider le trésor impérial et procède à la distribution entre tous ceux qui l'entourent. Derrière lui, des soldats
poussent une pièce d'artillerie à grand renfort de bras. Toute
une colonne de grenadiers de la garde bat en retraite et rem-
plit la droite de cette composition, qui se développe clairement aux yeux du spectateur. C'est bien ainsi que les choses durent se passer dans cette désastreuse campagne, où les survivants
se revêtaient des dépouilles de leurs compagnons qui, une fois
tombés, ne se relevaient plus et étaient forcément abandonnés. Il
faut reconnaître un certain style dans les figures, d'ailleurs bien
dessinées. La couleur du tableau est agréable, tout en gardant la
note triste qu'exige le drame représenté ; la touche est solide sans
exagération, Cette toile, qui fait au Musée de Rouen pendant à la
Charge de Kellermann, de H. Bellangé, ne souffre pas du voisinage
du maître. Nous pensons même qu'elle fait quelque tort à ce dernier. Elle paraît plus solide et plus vigoureuse de ton, c'est le
meilleur éloge que nous en puissions faire. Ce tableau, n'ayant

pas été acheté à Paris, fut envoyé par l'auteur à la quinzième
exposition municipale de Rouen, qui avait lieu cette même année 1853. Il était accompagné d'une autre toile représentant un
Bivouac (campagnes de France, 1814).

Depuis, le *Passage du défilé de Ponary* fut acheté pour un prix
assez doux, par M. Marion Vallée, alors commandant l'artillerie

de la Garde nationale rouennaise. Par suite de dispositions testamentaires, ce tableau fut légué au Musée de Rouen, où il est
depuis quelques années et où il fait très bonne figure.

Avant d'entrer dans la galerie de M. Marion Vallée, l'épisode
de la campagne de Russie figura à l'Exposition universelle de
Paris, en 1855, où il valut au peintre une mention honorable. En

somme, ce résultat était un beau succès pour l'artiste, si l'on
songe que l'on n'avait admis à cette exposition que les chefs-
d'œuvre de l'école moderne et que tous les petits et les grands
maîtres de l'art contemporain, après avoir réuni leurs plus heureuses ou leurs plus savantes productions, les avaient envoyées
à cette splendide exhibition, où Delacroix, Ingres, Decamps,

occupaient des salles entières. Obtenir une mention en présence
de tels rivaux et n'avoir pas encore trente-deux ans, quel bel
avenir ! Et il faut rendre à Sorieul ce témoignage, qu'il avait mé-
rité la distinction qu'on lui décernait tant par le tableau dont nous
avons parlé que par une autre composition qui avait été, aussi,
bien accueillie aux Champs-Elysées, nous voulons parler des
Soldats de l'armée d'Italie assistant des prêtres français émigrés.

Cette œuvre est une des plus heureuses inspirations de l'artiste et donne bien la note exacte de son talent en tant que tableau de genre. On y retrouve, dans une mesure très fine et très délicate et sans aucune affectation, la pointe sentimentale que Sorieul introduisait volontiers dans ses compositions en digne élève de H. Bellangé. Son maître lui avait enseigné en effet qu'en France l'esprit ne gâte rien, et il en avait fait son profit dans les scènes de genre qu'il traitait, ma foi, très heureusement. Nous nous rappelons, par exemple, une petite toile que lui avait commandée un marchand de Rouen, en lui laissant le choix du sujet. L'artiste traita la fable des *Voleurs et l'âne* de la façon suivante : Sur le premier plan un jeune abbé galant contait fleurette à une délicieuse petite coquette qui portait à ravir le costume Louis XV, tandis que deux gardes françaises se battaient en duel dans le fond. Toute cette scène était heureusement enlevée, sans mièvrerie, mais avec tout l'à-propos qu'elle comportait. Aussi ne resta-t-elle pas longtemps en magasin.

Mais dans les *Soldats secourant des prêtres français émigrés en Italie*, le peintre, cela va sans dire, s'est abstenu de toute gauloiserie ; il a laissé à la scène toute sa sévérité avec un certain parfum de tristesse et de commisération qui émeut doucement le spectateur. Des troupes sont campées en Italie sur la place d'un village, devant le portail d'une église. Quelques prêtres français émigrés viennent d'arriver. Ils sont crottés, épuisés par une longue route, et c'est à grand'peine qu'ils gagnent l'église. L'un d'eux, à bout de forces, est tombé d'inanition sur les marches du portail. Ses camarades le soutiennent, mais aussitôt un jeune sous-officier, dans le costume pittoresque des soldats de la première République, organise les secours : il fait appel au bon cœur de sa troupe, et, aussitôt, c'est à qui puisera dans ses propres provisions pour subvenir aux besoins de ceux que la patrie commune avait rejetés de son sein. La cantinière coupe le pain de munition, le tapin assis sur sa caisse fait les parts, tout le monde concourt selon ses moyens à venir en aide aux pauvres exilés.

On voit tout le parti qu'il y avait à tirer d'une pareil scène. Sorieul s'en est acquitté à son honneur. Il a mis beaucoup de style dans ses personnages, et, sous ce rapport, ses prêtres sont surtout remarquables; le peintre a su répandre sur leurs traits une distinction véritablement évangélique, qui, jointe à leur air de souffrance résignée, explique plus qu'à suffire l'émotion que les soldats ont éprouvée à leur vue et l'empressement qu'ils mettent à leur prodiguer leurs soins. Il y a un contraste touchant entre le groupe des soldats et celui des prêtres ; on sent que ces derniers inspirent non seulement la compassion, mais encore le respect à ces troupiers qui demain peut-être sur le champ de bataille déposeront leur dernier baiser sur la main de celui qu'ils auront nourri la veille.

La scène est bien claire, bien ordonnancée. Immédiatement le spectateur comprend ce que le peintre a voulu dire et saisit toutes les nuances du sujet, qui est véritablement une page de poésie émue. Quant à l'exécution matérielle, elle ne le cède en rien à l'idée ; la peinture est à la hauteur du sujet. Aussi on peut facilement concevoir le succès qu'obtint cette toile lorsqu'elle parut au Salon Rouennais de 1856 Ce ne fut qu'un concert d'éloges et la commission constituée pour combler le vide laissé par l'ancienne Société des Amis des arts s'empressa d'en faire l'acquisition. Mis en loterie avec les autres tableaux achetés, il échut au n° 38, et l'honorable M. Schlumberger, porteur du billet, prit avec bonheur possession du tableau qui orne aujourd'hui son hôtel. Nous avons été depuis assez heureux pour trouver et acheter l'esquisse, première idée de cette composition.

Dans sa revue du Salon Rouennais de 1856, Gustave Claudin ne

tarit pas d'éloges sur l'artiste et son tableau. Nous renvoyons le
lecteur à cette critique rétrospective qui n'est pas dénuée d'intérêt, comme toute chose qui nous permet de donner un corps à
des souvenirs plus ou moins effacés.

A cette époque, il se passa un fait dans l'existence de Sorieul
qui aurait pu et dû le mettre en lumière, s'il y avait eu véritablement du fonds chez lui, mais qui au contraire devint le signal de
sa décadence parce qu'il ne sut pas profiter des avantages qui lui
étaient offerts. La guerre de Crimée était finie et M. le duc de
Morny était envoyé en Russie, en ambassade extraordinaire, pour
représenter l'empereur Napoléon III aux fêtes du couronnement
du nouveau czar. Sorieul fut nommé peintre de l'ambassade, et,
en cette qualité, fut admis à toutes les cérémonies et à toutes les
réjouissances. De cette excursion de l'artiste au pays de toutes
les Russies, il ne sortit pas un tableau. De retour à Paris, M. de
Morny commanda à Sorieul une série d'aquarelles représentant
les principaux épisodes de sa mission. L'artiste se mit à l'œuvre,
abandonna complètement sa palette pour les couleurs à l'eau et
composa un album de vingt pièces dont quelques-unes furent
exposées aux salons de 1857 et 1859. Ce sont *les Chasseurs de la
famille impériale de Russie*, *l'Entrée de S. M. l'empereur de Russie
à Moscou* et *Fêtes du peuple à Petrowski lors du couronnement*. Nous
nous rappelons avoir vu cette dernière aquarelle dans l'atelier de
l'artiste. Elle représente une distribution de vin qui n'est pas sans
analogie avec la lithographie bien connue de Jules Boilly. Nous
avons vu également Sorieul travailler à une *Représentation de gala
au Théâtre de la cour* faisant partie de la même suite. Toutes ces
aquarelles étaient très montées de ton et poussées à l'effet comme
des tableaux. Elles inspirèrent à M. A. Darcel les réflexions sui-
vantes, qui sont d'une vérité incontestable.

« C'est aussi la légèreté dans le maniement du pinceau qui fait

Salon de 1857. — Les chasseurs de la famille impériale de Russie

« défaut dans les aquarelles de M. Sorieul de Rouen. Il traite trop
« comme de la peinture à l'huile ce genre qui nous semble de-
« mander un peu de convention et devoir être quelque chose
« d'intermédiaire entre les croquis et le tableau. Nous ne savons
« si les fêtes du couronnement de l'empereur de Russie à Moscou
« avaient l'aspect triste et sombre que M. Sorieul a donné aux
« deux scènes qu'il a détachées de l'album de M. de Morny ; mais,
« en tous cas, il n'a pas donné le tumulte et le désordre des
« foules dans la *Fête du peuple*, et c'était bien le cas. Figurez-

« vous un tas de Moujicks haletants ou avinés, qui escaladent à
« l'envi un haut échafaudage au sommet duquel on épand dans
« les vases de toute sorte qu'ils présentent les spiritueux contenus
« dans un large cuvier, et imaginez quelle bousculade et quel
« désordre cela doit être.

« Depuis trop longtemps les aquarelles de cet album destiné à
« retracer les scènes diverses du couronnement de l'empereur de
« Russie détournent M. Sorieul de la peinture à l'huile et des
« expositions où son talent l'avait fait remarquer. »

Cette critique de M. Darcel est fort juste et nous ne pouvons que nous y associer pleinement ; mais nous devons y ajouter que Sorieul eut encore un autre travail analogue à celui que lui avait commandé M. de Morny, travail qui vint encore prolonger la retraite de l'artiste dans son atelier. En effet, le grand duc Constantin de Russie, étant venu en France, fut reçu avec éclat par Napoléon III, qui lui donna des fêtes et passa une grande revue en son honneur. Le grand duc voulut aussi garder souvenir de cette réception et c'est à Sorieul qu'il s'adressa en lui commandant un album d'aquarelles semblables à celles du duc de Morny. Ce nouveau travail ne fut pas inférieur au premier et l'artiste dut tenir compte de la critique faite en 1859, car l'aquarelle de *la Grande Revue* à laquelle nous avons vu Sorieul travailler était très brillante et très mouvementée. Le peintre avait choisi le moment où s'opérait le défilé au galop des cuirassiers et il avait très heureusement vaincu les difficultés du sujet.

Cette double besogne officielle ne prit pas à l'artiste moins de sept années, car nous ne le voyons reparaître qu'au salon de 1863, et encore avec un seul tableau représentant *le Drapeau du 91ᵉ à la courtine de Malakoff* (prise de Sébastopol), dont nous emprunterons la description et la critique à la Revue que M. A. Darcel consacra aux artistes normands qui avaient exposé à ce salon :

« Il y a longtemps que M. J. Sorieul vit retiré dans son atelier ;
« mais ce n'a point été pour s'y reposer, car le tableau par lequel
« il recommence à nous donner signe de vie dénote de très grands
« progrès et un artiste en pleine possession de lui-même. M. J.
« Sorieul a songé au triste lendemain des batailles. Nous sommes
« maîtres de Sébastopol, mais il faut enterrer les morts, et, en
« déblayant les débris accumulés dans la courtine de Malakoff, on
« trouve ensevelis sous un amas de poutres, de terre et de

Le Drapeau du 91ᵉ à la courtine de Malakoff

« gabions, le cadavre d'un officier tenant embrassé *le Drapeau du*
« *91ᵉ*, et couchés à côté de lui les sous-officiers chargés de sa
« défense. La peinture de M. J. Sorieul a acquis beaucoup de
« fermeté, sans que cela tourne en sécheresse, et son tableau,
« placé dans le salon carré à côté de *l'Attaque*, de M. Protais, et
« du *Portrait de l'Empereur*, de M. Flandrin, supportait sans être
« écrasé ce voisinage d'autant plus redoutable que le succès attirait
« tout le monde vers ces deux œuvres. »

M. de Sault, dans son Salon de 1863, trouva le tableau trop
sombre, qu'il y avait un abus de cadavres, qu'en un mot l'artiste
avait représenté une scène lugubre sans l'éclairer d'aucun rayon.

Pour nous qui avons vu Sorieul exécuter cette composition,
nous savons tout le soin, toute la conscience qu'il mit à peindre
son tableau. Nous nous rappelons encore son atelier de la rue de
Chabrol encombré de gabions et le grenadier de la Garde impériale qui venait poser devant l'artiste. Rien n'était livré au hasard,
tout était étudié dans les plus petits détails, peut-être même y
avait-il excès de ce côté. Quoi qu'il en soit, entre les opinions
des deux critiques que nous avons rappelées ci-dessus, nous
n'hésitons pas à reconnaître que M. Darcel a fait la plus juste
appréciation du tableau et du talent de l'artiste.

Dès son retour de Russie, Sorieul avait obtenu du gouvernement la commande d'un tableau d'histoire important qui devait
représenter la *Bataille du pont de Tractir* (guerre de Crimée).
L'esquisse en fut faite en petit, vers 1861, c'est-à-dire bien posté-
rieurement à la commande officielle, mais le tableau fut encore
bien plus longtemps à paraître, et ce ne fut que dans les dernières
années de sa vie que Sorieul commença à s'acquitter de sa tâche,
et alors probablement que le ministère des beaux-arts le
mettait en demeure de s'exécuter sous peine de se voir retirer le
travail.

Ce ne dut guère être que vers 1868 que l'artiste se mit à l'œuvre. Malheureusement pour lui, son protecteur, M. de Morny,
était mort depuis longtemps, et rien ne venait plus le stimuler
que le besoin d'argent. Sorieul reculait toujours devant l'exécution de ce tableau qui devait lui coûter des déboursés importants,
lui prendre plusieurs années et ne lui rapporter qu'un maigre
profit, peut-être exploité d'avance. Le gouvernement fournit un
atelier, mais la lenteur que l'artiste apportait dans la confection
de son œuvre, fit qu'un beau jour on retira à Sorieul la salle qu'on
lui avait prêtée et dont l'aliénation prolongée finissait par gêner
à l'excès le service organisé dans les bâtiments dont ce local dépendait.

Il fallut trouver un autre refuge et ce fut dans un magasin que
lui fournit un de ses amis, manufacturier à Paris, que le tableau
fut transporté. Sorieul se rendait chaque matin dans ce nouvel
atelier, qui était situé à une assez longue distance de son domicile.
C'est au cours de ce travail qu'une première attaque vint altérer
profondément la santé du peintre. Petit à petit la paralysie disparut, les forces revinrent et le travail reprit. Le tableau s'avança
lentement, mais il ne devait pas être terminé par la main de
l'artiste, car une congestion cérébrale frappa Sorieul un matin,
alors qu'il se rendait à l'atelier. Cette fois la maladie ne devait
pas être vaincue.

Le peintre, ramassé sur la voie publique, fut transporté à
l'hospice Cochin, puis ramené chez lui, où il mourut le 13 août
1871, à trois heures après midi, rue de la Fidélité, 12. Voici
l'acte de décès qui fut dressé sur le registre du 10e arrondissement
de Paris.

« L'an mil huit cent soixante et onze, le treize août, à trois
« heures du soir, est décédé en son domicile, rue de la fidélité, 12,
« Jean-Jacques Sorieul, âgé de quarante-sept ans, né à Rouen

« (Seine-Inférieure), peintre d'histoire, même maison, célibataire.
« Ledit décès, constaté suivant la loi, nous a été déclaré le 14 août
« par Alphonse-Gabriel Moreau, âgé de 48 ans, entrepreneur de
« serrurerie, rue de Lancry, impasse Sainte-Opportune, n° 3, et
« Edouard Labergris, âgé de 39 ans, monteur, rue des Allouettes,
« n° 20, qui ont signé avec nous, officier de l'état civil, après lec-
« ture, signé Moreau, Labergris et Degouve-Denuncques adjoint. »

Le corps fut enterré au cimetière du Père-Lachaise, où Ma-

dame Sorieul mère fit élever à son fils un modeste monument.

Le tableau de la bataille du pont de Tractir restait inachevé, au
moins pour le groupe de morts placé sur le premier plan qui
servait de repoussoir. Il fut terminé par un autre peintre et exposé
au salon de 1872.

En dehors des tableaux et aquarelles dont nous avons parlé,
Sorieul a fait beaucoup de croquis et de dessins où brillait la
facilité de sa composition et où resplendissait la verve de sa plume
ou de son crayon. Il dut faire aussi quelques essais sur pierre, car

il nous souvient d'avoir vu affichée une grande lithographie de lui qui servait d'annonce à un roman de cape et d'épée. Nous connaissons également une lithographie de Bayot, faite d'après un dessin de Sorieul, représentant d'après nature l'entrevue du prince Albert et de l'empereur Napoléon III, à Boulogne, le 5 septembre 1854. Enfin l'artiste dut composer quelques dessins, qui furent gravés sur acier par E. Leguay, pour illustrer une *Histoire de Napoléon I*er et notamment une charge de lanciers à Waterloo. Il concourut également avec Philippoteaux, Bellangé, Morel-Fatio, etc., à l'illustration de l'*Histoire de l'armée* d'Adrien Pascal, publiée par l'éditeur Barbier.

H. Bellangé aurait aussi eu recours à la collaboration de Sorieul pour l'illustration du poème de Barthélemy et Méry, *Napoléon en Egypte,* édité à Paris par Bourdin. M. Renouard, un vieil ami de Bellangé, nous affirme en effet que toutes les vignettes du livre, qui ne portent pas la signature du maître, seraient de Sorieul, et nous devons reconnaître que ce dernier s'est bien inspiré de son professeur et qu'il faut être prévenu de cette circonstance pour distinguer les travaux de l'un et de l'autre.

Il nous reste maintenant à donner un aperçu rapide du talent de Sorieul, puisqu'aussi bien, au cours de cette étude, nous en avons fait ressortir les principaux côtés. Notre compatriote était heureusement doué et possédait toutes les qualités nécessaires à un bon peintre. Il composait facilement, dessinait bien et sa peinture, un peu creuse au commencement, avait fini par avoir toute la solidité désirable. Malheureusement le caractère léger de l'homme réagissait d'une façon fâcheuse sur le talent de l'artiste. S'il avait eu moins d'indolence et plus d'ambition, Sorieul fût arrivé certainement à se faire une belle position dans le monde des arts ; avec les belles relations qui étaient venues jusqu'à lui, avec l'acquit incontestable qu'il possédait, il eût pu se créer une situa-

tion enviable, mais pour cela il eût fallu avoir une force de volonté
capable de combattre le besoin de plaisirs incessants qui le domi-
nait ; il eût fallu triompher de ces passions qui le maîtrisaient et
qui devaient avoir raison de son intelligence et de son corps, si
robustement constitué cependant.

Il en était souvent réduit à travailler non plus pour accroître
son talent et donner un relief toujours plus grand à sa réputation,
mais bien pour mettre quelques louis dans son escarcelle que la
générosité paternelle ne parvenait jamais à remplir.

L'atelier représentait bien l'homme. Tout y était dans un désordre qui n'était point un effet de l'art. La chambre était un vrai
taudis dans lequel tout était jeté pêle-mêle. Il y avait jusqu'à des
lapins dans une bannette. Aussi Sorieul, conscient de l'état peu
convenable de son intérieur, fuyait-il un monde qu'il ne pouvait
recevoir chez lui. En qualité d'ami et de compatriote, nous avons
quelquefois forcé la consigne et jamais nous n'avons vu dans
l'atelier qu'un seul visiteur : c'était le peintre Louis Duveau, qui
avait eu son heure de célébrité et dont le talent eût été bien
grand, si lui aussi avait su être un homme comme il savait être
un peintre. Mais Duveau n'était plus, déjà à cette époque, l'auteur
acclamé de la *Peste d'Elliant,* de la *Mort de Claude,* de la *Messe en
Mer,* du *Retour du Pardon* et de *l'Abdication du Doge Foscari,*
mais bien un être déjà presque hébété : il arrivait sans dire mot,
s'asseyait contre le poêle en fonte qu'il entourait de ses deux
jambes, tirait de sa poche une pipe en terre, courte et noirâtre, la
bourrait, l'allumait et restait absorbé dans la fumée du tabac. Si
parfois il desserrait les dents, c'était pour critiquer en termes
grossiers, sous forme de plaisanteries toutefois, les rares relations
que Sorieul avait encore avec les puissants du jour. Cette visite
avait toujours lieu à la nuit tombante en hiver, c'est-à-dire sur
les cinq heures du soir, et durait jusqu'à l'heure du dîner, où on

se séparait pour aller chacun de son côté prendre son repas au
dehors.

Ils s'étaient connus à Rouen, où Duveau avait débuté en pei-
gnant sur de petites toiles de charmantes scènes de bal masqué
que les amateurs se disputent toujours quand elles viennent par
hasard à passer en vente publique. Si nos souvenirs sont exacts,
Duveau finit aussi tristement, emporté par quelque attaque de
paralysie.

Voici donc deux peintres que la providence avait exception-
nellement doués et qui cependant ne surent atteindre avec leur
talent que le seuil de la célébrité. Tous les deux ont eu le même
sort, quoique à notre avis Duveau fût plus fortement trempé que
Sorieul. Ils moururent encore jeunes, alors qu'ils auraient dû être
dans toute la force de leur talent ; mais l'enveloppe usée ne sut
pas conserver l'intelligence et les dons heureux que Dieu leur
avait impartis, tant il est vrai qu'il est bien rare qu'un artiste ait
un grand talent s'il n'a pas un grand caractère.